Julia Hensel

Die Entwicklung des Gottes Rudra in der vedischen Literatur

GRIN Verlag

Bibliografische Information der Deutschen Nationalbibliothek:

Die Deutsche Bibliothek verzeichnet diese Publikation in der Deutschen Nationalbibliografie; detaillierte bibliografische Daten sind im Internet über http://dnb.d-nb.de/ abrufbar.

Impressum:

Druck und Bindung: Books on Demand GmbH, Norderstedt Germany
ISBN: 978-3-640-85924-5

Dieses Buch bei GRIN:

http://www.grin.com/de/e-book/109832/die-entwicklung-des-gottes-rudra-in-der-vedischen-literatur

Humbold Universität Berlin
Fachbereich Asien- und Afrikawissenschaften
Sommersemester 2004
PS „Entwicklung des hinduistischen Pantheons“

Seminararbeit zum Thema:

Die Entwicklung des Gottes Rudra in der vedischen Literatur

Julia Hensel
2. Fachsemester

Inhaltsverzeichnis

I. Einleitung

In der vorliegenden Arbeit werde ich mich mit der Konzeption des Gottes Rudras in der vedischen Mythologie befassen. Mit der sich im Verlauf der Zeit verändernden Weltauffassung ist auch eine Entwicklung dieses Gottes festzustellen. Der ṛgvedische Rudra ist ein vergleichsweise unbedeutender Gott des vedischen Pantheons, der im Laufe der vedischen Literatur einen enormen Bedeutungszuwachs erlebte, während fast alle der am meisten verehrten Götter wie Indra oder Agni immer mehr an Bedeutung verloren. Die vedische Literatur umfasst die Saṃhitās der vier Veden, die Brāhmaṇas, die Upaniṣaden und die Sūtren, in deren Verlauf eine graduelle Identifizierung Rudras mit dem heute auf dem gesamten indischen Subkontinents verehrten Gott Śiva festzustellen ist.
Demnach wird die zentrale Frage dieser Arbeit wird sein, wie der im Ṛgveda noch unbedeutender Gott Rudra zu einem der heute am meisten angebeteten Götter aufsteigen konnte. Die Vermischung seiner Konzeption mit nicht-vedischen und nicht-arischen Elementen spielt dabei eine bedeutende Rolle. Einige Aspekte seines späteren Wesen wie der Beiname Paśupati und der Phalluskult werden mit dem als solchen vermuteten Kult der Industalkultur in Verbindung gebracht.
Die Gliederung dieser Arbeit richtet sich nach der Chronologie der vedischen Literatur, anhand welcher die graduelle Entwicklung dieses Gottes verdeutlicht werden soll. Die Texte habe ich wiederum in den Veda und in die späteren vedischen Texte unterteilt, da ich am Ende des ersten Teils dem ursprünglichen Wesen Rudras nachgehen möchte. Diese Fragestellung erscheint mir an dieser Stelle am Angemessensten, da fast ausschließlich der Veda Rückschlüsse darüber zu geben vermag. Es wurden bereits viele Spekulationen darüber angestellt, jedoch basieren diese Theorien meiner Auffassung nach hauptsächlich auf nebensächlichen Merkmalen Rudras Wesens und vernachlässigen die Kernaussagen der frühesten vedischen Texte. Die umstrittene Etymologie des Namens habe ich vorangestellt.
Auf den ersten Teil folgt der Abschnitt der spätvedische Literatur, in der Rudras Bedeutung ihren Höhepunkt erreicht.

II. Rudra im Veda

1. Etymologie

Die Etymologie des Namens *rudra* erweist sich als schwierig und hat schon viele Versuche hervorgebracht. Im Nirukta des indischen Etymologen Yāska und in einem Kommentar Sāyaṇas zu Ṛgveda I, 114, 1 wird er auf die Verbalwurzel √*rud* „(be)weinen“ zurückgeführt. So

gibt es auch innerhalb der vedischen Texte Legenden, welche die Namengebung auf diese Weise erklären. Die Taittirīya Saṃhitā[1] des Yajurvedas besagt, dass Agni einst den Göttern, die sich im Kampf mit den Asuras befanden, ihr Gut wegnahm. Als die Götter dies bemerkten, eilten sie Agni hinterher und nahmen es ihm wieder weg. Daraufhin weinte er (Agni) und weil er weinte, heißt er Rudra.
Pischel bringt allerdings den Einwand hervor, dass *rudra* nicht nur als Bezeichnung eines bestimmten Gottes, sondern auch als Adjektiv erscheint, welches einer Anzahl von Göttern wie Agni, Indra, Soma Mitra, Varuṇa, den Maruts, den Aśvins und den Spaśaḥ beigegeben ist. Er ist der Ansicht, dass dieses Adjektiv „nur auf die Macht, die Kraft oder die glänzende Erscheinung dieser Götter Bezug haben könne".[2] Er hält ein Attribut, das die anderen Götter als weinend bezeichnet für unwahrscheinlich und bevorzugt die Übersetzung „rötlich". Mayrhofer widerlegt dies jedoch damit, dass diese Übersetzung sprachlich nicht korrekt sein kann, da rot im altindischen *rudhira* heißt.
Pisani[3] führt das Wort *rudra* auf die selbe Wurzel wie die des elliptischen Duals *rodasī*, „Himmel und Erde", zurück. *Rodasī* ist nach dem selben Prinzip wie der Dual *pitarau,* „Vater und Mutter", gebildet, der im Singular „Vater" bedeutet. Dementsprechend müsste auch *rodasī* einmal die Bedeutung von „Erde" oder „Himmel" besessen haben. Pisani hält erstere Übersetzungsmöglichkeit für richtig. Diese würde seine Auffassung von Rudra „dem Roten" (eine erdige Farbe) untermauern.[4] Mayrhofer hält jedoch den „Himmel" für die ursprüngliche Bedeutung und leitet davon das Adjektiv *rudra* „himmlisch" ab. Es würde ebenso zu den anderen genannten Göttern passen. Welche der vielen Übersetzungsmöglichkeiten jedoch richtig ist, wird wohl nicht geklärt werden können.

2. Ṛgveda und Sāmaveda

Der Ṛgveda ist die älteste Sammlung der vedischen Texte und besteht aus zehn Büchern, welche insgesamt 1028 Hymnen umfassen. Doch lediglich drei dieser Hymnen sind an Rudra gerichtet. Hinzu kommen 75 Erwähnungen Rudras in Hymnen an andere Götter[5]. Darin wird Rudra im Gegensatz zu all den anderen Göttern als respekteinflößender Gott

---

[1] Taittirīya Saṃhitā I,5,1,1.
[2] Pischel: Vedische Studien (Heft 1); nach Mayrhofer: „Der Gottesname Rudra", S.142.
[3] Pisani, V.: „Umbrisch *rusem-e*, lateinisch *Ruso*r, sanskrit *ródasī* und eine indogermanische Erdgöttin" ; nach Mayrhofer: „Der Gottesname Rudra", S. 145-146.
[4] Pisani, V.: „Und dennoch Rudra „Der Rote", Z. D. M. G., 102, S. 136-139.
[5] Keith, A. B.: *The Religion and Philosophy of the Veda and Upanishads,* (Harward Oriental Series, Vol. 31), Cambridge 1925, S.142.

beschrieben. Er ist der Asura des Himmels[6], der rötliche Eber des Himmels. Er tötet Kühe und Menschen[7]. Seine Waffen sind Pfeil und Bogen und der Vajra. Er ist rot-braun, hat schöne Lippen und eine jugendliche Erscheinung[8]. Er sitzt auf einem Wagen und trägt goldenen Schmuck[9]. Er hat gewundenes Haar[10] und strahlt wie die Sonne[11]. Seine Söhne sind die Maruts, welche die Winde darstellen. Sie stehen jedoch in engerer Beziehung zu Indra, mit dem sie Soma trinken und Heldentaten vollbringen.

Im Gegensatz zu anderen Göttern wie zum Beispiel Indra werden ihm keine Heldentaten zugeschrieben, denn er kämpft nicht wie dieser für die Menschen gegen Dämonen.

Viele Anrufungen erbitten seinen Sanftmut und flehen ihn an, nicht seine todbringenden Waffen gegen den Sänger der Hymnen und dessen Familie zu richten[12].

Rudra ist jedoch eine sehr gegensätzliche Gottheit, denn er besitzt nicht nur die oben genannten schrecklichen Eigenschaften. Mir erscheint er als ein Gott, der vor allem wegen seiner positiven Eigenschaften verehrt wird. So wird er in Hymne X, 92, 9 als *śiva* (gütig, günstig) beschrieben, was jedoch viele Wissenschaftler als ein der Besänftigung dieses schrecklichen Gottes dienendes Adjektiv aufgefasst haben.

Die folgende Hymne II, 33 des Ṛgveda bestärkt jedoch meine Auffassung:

> „4. Durch deine heilsamsten Arzeneien, die du gibst, o Rudra, möchte ich hundert Winter erleben. Jage die Anfeindung, die Not weit weg von uns, treib die Krankheiten auseinander!
> 3. Du bist an Herrlichkeit der Herrlichste (alles) Geborenen, der Stärkste der Starken, du Keulenträger Rudra. Führ uns heil an das Ende der Not, wehre alle Anfälle von Gebreste ab!
> 4. Nicht wollen wir dich, Rudra, mit unseren Verbeugungen entzürnen, nicht durch schlechtes Lobgedicht, du Bulle, nicht durch Mitanrufung (anderer Götter). Richte unsere Mannen auf mit deinen Arznenein! Ich höre, daß du der bester Arzt der Ärzte bist.
> ...
> 7. Wo ist, Rudra, diese deine mildtätige Hand, die heilend, kühlend ist, die das von Göttern kommende Gebreste fortnimmt? Du solltest doch mit mir Nachsicht haben, du Bulle!“[13]

In Vers II, 33, 9 wird er sogar als der „Herrscher dieser großen Welt“ bezeichnet und in Vers VI, 49, 10 als der „Vater der Welt“.

---

[6] Ṛgveda II, 1, 6.
[7] ebd. I, 114, 5; 10.
[8] ebd. II, 33, 10; 3; 5; 11; In der gesamten Hymne II, 33 wird sehr positiv von ihm gesprochen.
[9] ebd. II, 33, 9-11.
[10] ebd. I, 114, 1; 5.
[11] ebd. I, 43, 5.
[12] Geldner, K. F.: *Der Rig-Veda.*.(Harvard Oriental Series, Vol. 34), Wiesbaden 1951, I, 114, 2: „Hab mit uns Erbarmen, Rudra, und mach uns Freude! Wir wollen dir, dem Männerbeherrscher, in Demut dienen.“
[13] Geldner, K.F.: *Der Rigveda.* II, 33.

Im Ṛgveda findet sich das erste Mal die Bezeichnung Rudras als Trayambaka, über dessen ursprüngliche Bedeutung spekuliert wird. Im Vedischen heißt *ambā* oder *ambikā* „Mutter", daher wurde der Beiname unter anderem von Keith[14] als „drei Mütter habend" interpretiert. Aufgrund des späteren Auftretens einer Göttin Ambikā als Rudras Schwester wird *trayambaka* auch als „drei Schwestern haben" aufgefasst. Im späteren klassischen Sanskṛt bedeutet *ambaka* jedoch „Auge" und im Mahābhārata wird Rudra-Śiva „drei-äugig" genannt. Es handelt sich dabei um ein gängigen Beinamen des späteren Śivas. Welche die ursprüngliche Bedeutung dieses Beinamens bedeutet, bleibt jedoch unklar.

Im Laufe der vedischen Texte kommt es häufig zur Identifizierung Rudras mit Agni. Schon im Ṛgveda[15] steht: „Du, Agni, bist Rudra, der Asura des Himmels"[16] Diese wird mit der Zeit noch zunehmen und zu Rudras Anerkennung innerhalb der arischen Gesellschaftsschichten beitragen.

In dieser vedischen Gesellschaft nimmt das Somaopfer einen besonderen Stellenwert ein. Doch während all den vedischen Göttern geopfert wird, hat Rudra keinen Anteil daran. Dies wird unter anderem daraus ersichtlich, dass er im IX. Maṇḍala des Ṛgvedas, welches ausschließlich das Somaopfer behandelt, nicht erwähnt wird. Außerdem wird er vom Udgātṛ, der den Sāmaveda während des Opfers singt, nicht gepriesen[17]. Darin erscheint sein Name nur ein einziges Mal in Verbindung mit seinen Söhnen den Maruts[18]. Daraus läßt sich sehr deutlich ablesen, dass Rudra im vedischen Ritus keine Rolle spielte. Wie wir sehen werden, wir diese Stellung Rudras, abseits des Opfers, einer Veränderung unterliegen.

3. Yajurveda

Das Bild Rudras, welches sich uns im Yajurveda bietet, ist ein um einige Momente Erweitertes. Während der Rudra des Ṛgvedas noch in jugendlicher Erscheinung auftritt, wird er hier als gealtert, zwergenhaft, in Haut gekleidet, tausendäugig und in den Bergen wohnend (*giriśanta*) dargestellt. Er hat einen blauen Nacken, einen roten Rücken, einen weißen Hals und grüne Haare. Im Śatarudriya-Kapitel[19] (hundertrudra) werden ihm weit mehr als hundert Namen gegeben. Unter anderem findet man hier das im Ṛgveda noch adjektivisch verwen-

[14] Keith; A. B.: *The Religion and Philosophy of the Veda and Upanishad.* S. 143.
[15] Ṛgveda II, 1, 6.
[16] Geldner, K.F.: *Der Rigveda.* II, 1, 6.
[17] vergl. Hillebrandt, A.:Vedische Mythologie, (Band 2), Breslau 1929, S. 181.
[18] Tyagi, I. C.: Shaivism in Ancient India. S.47.
[19] Taittirīya Saṃhitā (TS) IV, 5.

dete Adjektiv *śiva* als Beinamen Rudras. Unter diesem wurden Rudras positive Aspekte vereint.

Im Gegensatz zum Ṛgveda werden hier der schreckliche und der wohlwollende Aspekt als zwei voneinander getrennte Götter, Rudra und Śiva, angesehen. Dem ersten Aspekt werden weitere Namen wie Aśani, Śarva, Ugra und dem Zweiten die Namen Agni, Bhava, Mahādeva und Īśana beigegeben, deren letzten beiden für den späteren Śiva charakteristisch sind. Jedoch stellen diese hier noch verschiedenen Gottheiten dar.

Hier erscheint das erste Mal die Vorstellung Rudras als Paśupati, den Beschützer der Tiere. Dieser Beiname erscheint vor allem in post-vedischer Zeit im Zusammenhang mit ihm.[20] Chakravarti[21] sieht darin eine Verbindung zu den Siegeln der Industalkultur, die eine Gottheit in einer Yogastellung, umgeben von Tieren und mit Büffelhörnern auf dem Haupt darstellen.

Ferner wird Rudra zum allgegenwärtigen Gott, indem ihm eine Vielzahl von Orten, an denen er sich aufhält, zugeschrieben werden. Diese spiegeln seine enge Beziehung zur Natur wider:

> „g Homage to him of the stream, and to him of the way.
> h Homage to him of the hole, and to him of the pool.
> i Homage to him of the ditch, and to him of the lake.
> k Homage to him of the stream, and to him of the tank
> 1 Homage to him of the cistern, and to him of the well."[22]

Bhandarkar[23] sieht darin den Grund für den Aufstieg Rudras zum „supreme Lord of the universe".

Im Yajurveda erscheinen einige Beinamen wie *giriśanta, giriśā* (inhabiting mountains) oder *giritra* (protecting the mountains[24]), die seine besondere Beziehung zu den Bergen aufzeigen. Diese enge Verbindung gibt Anlass zur Vermutung, dass eine oder mehrere nicht-arische Berggottheiten in das Rudrabild seit dem Yajurvedas eingeflossen sein.[25] Bergkulte galten, wie Chakravarti zu bedenken gibt, als nicht-arisch.

Der Rudra des Yajurvedas ist nicht nur der Gott der höheren Gesellschaftsschichten, sondern auch der der Niedrigeren, denn er ist der Schutzpatron der Jäger, der Herr der Diebe, Herr der Halsabschneider, Herr Angehöriger nicht-arischer Gruppen, so auch von bestimmten

---

[20] ebd.: S. 50.
[21] Chakravarti, M.: *The Concept of Rudra-Śiva through the Ages.* S. 36.
[22] Taittirīya Saṃhitā IV, 5, 7.
[23] Bhandarkar, R.G.: *Vaiṣṇavism, Śaivism and Minor Religious Systems*; zitiert in: Chakravarti: *Rudra-Śiva through the Ages*. S.7.
[24] Williams, M.: *Sanskṛt-English Dictionary*. Oxford 1899.
[25] Chakravarti, M.: *The Concept of Rudra-Śiva through the Ages.* S. 39.

Berufsgruppen wie der des Zimmermanns, der Fischer, der Schmiede etc.[26] Tyagi ist der Ansicht, dass es sich bei den Letzteren um Anhänger eines früheren Śiva-ähnlichen Gottes gehandelt habe, oder um Gruppen, deren Gottheiten mit dem arischen Rudra identifiziert wurden und folgert daraus, dass Rudra vor allem der Gott dieser niedrigeren Schichten war, dessen neue Erscheinung von den Höheren allmählich in ihre Riten aufgenommen wurde[27]. Die Benennung Rudras mit dem Namen Śiva deutet Tyagi als den Versuch der Arisierung dieses hier von nicht-arischen Eigenschaften durchsetzten Gottes[28].

Ambikā, die in spätvedischer Zeit Śivas Gemahlin darstellen wird, tritt das erste Mal in Erscheinung. Hier wird sie allerdings noch als Rudras Schwester bezeichnet[29]. Dies hat wohl entgegen der vedischen Bedeutung des Wortes *ambā* „Mutter" zu der Übersetzung des Beinamens Trayambaka als „drei Schwestern habend" geführt.

Der Yajurveda beinhaltet, wie wir gesehen haben, als frühste Quelle wichtige Merkmale des später weit verbreiteten Śivakults. Die Veränderungen an der Darstellung Rudras, der nunmehr als eine in Haut gekleidete Gottheit und als Bewohner der Berge mit blauen Nacken auftritt, sind charakteristisch für das Bild des späteren Śiva.

4. Atharvaveda

Der Atharvaveda trägt nicht viel Neues zur Konzeption Rudras bei. Wie im Yajurveda wird er weiterhin um seiner Milde wegen und mit vielen teils besänftigenden, teils sein schreckliches Wesen beschreibenden Namen angerufen. Allerdings treten hier seine schrecklichen Eigenschaften in den Vordergrund. Seine Pfeile sind giftig und verbreiten Krankheiten wie Fieber und Husten, doch weiterhin gilt er ebenso als deren Zerstörer. Barth ist der Ansicht, dass Rudras schreckliche Seiten erst seit dem Atharvaveda hervorgehoben werden, während er im Ṛgveda noch vornehmlich als wohltätig auftritt.[30]

Im Atharvaveda kommt der Einfluss einer außerhalb der vedischen Gesellschaft stehenden Gruppe stark zum Ausdruck. Diese Gruppe wird mit dem Namen Vrātya benannt, über dessen Bedeutung keine sichere Auskunft gegeben werden kann. Auch über den Ursprung der Vrātyas ist man sich bis heute uneinig, jedoch deuten die Quellen auf eine arische Abstammung hin. Sie wurden allerdings als vom Pfad des orthodoxen vedischen Kultes Abtrünnige

---

[26] Taittirīya Saṃhita IV, 5.
[27] Tyagi, I.C.: *Shaivism in ancient India.* S. 52.
[28] ebd., S. 48.
[29] ebd. S. 54.
[30] Barth, A.: *The Religions of India.* nach Chakravarti, M.: *The Concept of Rudra-Śiva through the Ages.* S. 27.

bezeichnet[31], denn sie opferten ihren Göttern nicht. Doch sie sprachen die Sprache der Geweihten, obwohl sie nicht geweiht waren.[32] Ferner geht aus der Manusmṛti X, 20 hervor, dass, „if the three castes do not receive the sacrament during the prescribed period, they become Vrātyas or outcasts, excluded from Savītri and despised by the Aryans"[33]. Sie werden vor allem mit der Region um Magadha im unteren Gangestal in Verbindung gebracht, in der auch die Entstehung des Atharvaveda angesiedelt wird[34]. Dieser ist „weitgehend – jedoch nicht zur Gänze – eine Sammlung von Zaubersprüchen" und musste lange um seine Anerkennung als vierter Veda kämpfen[35]. Er spiegelt besonders stark die Vermischung arischen und nicht-arischen Kulturguts wider. Darin wird den Vrātyas hoher Respekt gezollt. Daraus schloß man, dass sie oder ihre Repräsentanten selbst diese Hymnen verfassten[36], denn diese wurden üblicherweise von Brāhmanen komponiert oder zumindest von diesen überarbeitet. Daher ist es sehr unwahrscheinlich, eine solche Glorifizierung der Vrātyas von Seiten der othodoxen Brāhmanen zu erwarten.

Rudra wird im Atharvaveda als der Beschützer der Vrātyas[37] und als Ekavrātya, den Vrātya par excellence[38], bezeichnet, dessen sieben Manifestationen Rudra, Aśani, Śarva, Ugra, Bhava, Mahādeva und Īśana als die Herrscher jeweils einer Himmelsrichtung in Erscheinung treten. Auch hier werden also seine gegensätzlichen Aspekte und seine Omnipräsenz, die ihm schon im Yajurveda nachgesagt wurde, dargestellt.

Chakravarti schließt aus den nicht aus vedischen Kreisen herrührenden neuen Eigenschaften und dem erweiterten Verehrerkreis Rudras, dass „the Rudra of the Yajur- and Atharvaveda is not Brāhmaṇic, not a deity of the priests and orderly ritual, but of the ordinary pre-Aryan people and places".[39]

5. Theorien über Rudras ursprüngliches Wesen

Die schon im Kapitel über die Etymologie erwähnte Ableitung des Wortes *rudra* auf die Wurzel *rud* wird auch von Albrecht Weber[40] bevorzugt. Dieser erweitert sie jedoch um die

---

[31] vergl. Choudhary, R.: *Vrātyas in ancient India.* (Chowkhamba Sanskrit Series, Vol. 38) Varanasi 1964, S. 148.
[32] ebd. S. 136.
[33] ebd. S. 136.
[34] Mylius, K.: *Geschichte der Literatur im alten Indien.* S. 63.
[35] ebd. S. 59.
[36] vergl. Chakravarti, M.: *The Concept of Rudra-Śiva through the Ages.* S. 12.
[37] Choudhary, R. *Vrātyas in ancient India.* S. 141.
[38] Chakravarti, M.: *The Concept of Rudra-Śiva through the Ages.* S. 10.
[39] ebd., S. 12.
[40] Weber, A.: Indische Studien (Bd. 2); zitiert in Mayrhofer: „Der Gottesname Rudra", in Z.D.M.G., 104, 1953, S.140f.

Deutung *rudras* als „das Heulen des Sturms" und schreibt ihm sowohl den Aspekt eines Sturm- als auch den eines Feuergottes zu. Auch Keith ist der Ansicht, Rudra sei ein Sturmgott in der Form eines Blitzes, wobei der Sturm eher seine zerstörerischen als seine heilenden Aspekte darstellt[41]. Beide Theorien basieren stark auf der Identifizierung Rudras mit Agni. Diese berücksichtigen jedoch nicht, die Tatsache, dass Rudra im Ṛgveda, besonders in Hymne II, 33, vor allem seine Heilenden Arzneien gelobt und in Hymne I, 114, 3 und VII, 47, 2 eingeladen wird, in die Niederlassungen der Menschen zu kommen. Meiner Ansicht nach passt dies nicht zu der Konzeption eines Sturmgottes. Diese Vorstellung basiert meiner Auffassung nach zu sehr auf der Verbindung Rudras mit seinen Söhnen, den Maruts, und mit Agni. Die Identifizierung verschiedener Götter, besonders mit Agni, ist im Ṛgveda keine Seltenheit, daher halte ich es für unangemessen, Rudras ursprüngliches Wesen auf der Basis der Identifizierung mit Agni abzuleiten. In der Tat nimmt diese im Verlauf der Quellen zu, jedoch nimmt im Gegenzug die Ursprünglichkeit dieses Gottes ab, daher kann sie meiner Meinung nach keine solch starke Rolle im ursprünglichen Wesen Rudras spielen.

Hillebrandt[42] stellt ihn in besondere Beziehung mit dem auf die Regenzeit folgenden Herbst. Außerdem verfolgte er die Idee, Rudra in der Inzest-Mythe der Aitareya Brāhmaṇa III, 33 sei als eine Sternenkonstellation aufzufassen. Er räumt jedoch ein, dass das Material nicht ausreicht, um Rudra sicher als eine solche betrachten zu können.

Oldenberg[43] dagegen vertritt die Ansicht, bei Rudra handele es sich um einen Gott der Berge und der Natur. Diese Sichtweise basiert stark auf der Darstellung Rudras im Yajurveda als sehr naturverbunden Gott. Um die Eigenschaft Rudras als Bringer von Krankheiten zu erklären, greift Oldenberg auf eine These Mannhardts zurück, der schreibt, „aus Einöde, Berg und Wald kommen die Krankheitsgeister oder die Pfeile der Krankheit zu den menschlichen Wohnungen"[44]. Diese Theorie ist sehr interessant, jedoch stellt auch diese die alle frühen Quellen miteinander verbindende Eigenschaft Rudras der Entsendung und Heilung von Krankheiten noch zu weit in den Hintergrund.

Ich bin der Meinung, dass Rudras ursprüngliches Wesen am wahrscheinlichsten in den jüngsten vedischen Texten, vor allem jedoch im Ṛgveda zu finden ist. Darin stellt er sich mir als ein Gott des Naturphänomens Krankheit dar. Schon im Ṛgveda wird er für das Entsenden von Krankheiten gefürchtet. Gleichzeitig wurde er angefleht, diese nicht über die Menschen

---

[41] vergl. Keith; A. B.: *The Religion and Philosophy of the Veda and Upanishad*. S. 147.
[42] vergl. Hillebrandt, A.: Vedische Mythologie. (Band II), S. 181-208.
[43] Oldenberg: *Die Religion des Veda*. Stuttgart 1917, S. 222-224.
[44] Mannhardt, *Wald und Feldkunde I*; nach Oldenberg: *Die Religion des Veda*. S. 223.

und das Vieh zu bringen oder sie zu heilen. Er wird in die Häuser seiner Verehrer eingeladen, um seine heilenden Arzneien zu spenden.
Im Yajurveda setzt sich diese Vorstellung fort. Dieser entstand in einer Zeit, in der die Arier bis in den Doab vorgedrungen waren. Die Bevölkerungszahl nahm zu, was üblicherweise zu häufigerem Auftreten von Krankheiten führte, welche überall anzutreffen waren. So könnte Rudras omnipräsentes Wesen zu erklären sein. Die enge Verbindung Rudras mit den Bergen und der Wildnis könnten tatsächlich von der Vorstellung zeugen, Krankheiten kämen, wie Mannhardt bemerkte, von den Bergen. Auch die ihm zugeschriebene Himmelsrichtung, der Norden, in der der Himālaya liegt, untermauert diese These. Jedoch hatte sich die Urkonzeption bereits stark verändert, so dass Rudras wohlwollende Eigenschaften sich von ihm weitgehend losgelöst und unter dem Namen Śiva vereinigt hatten, während Rudra die schrecklichen Aspekte repräsentierte.

III. Rudra in der spätvedischen Literatur

1. Brāhmaṇas

Die Zeit der Brāhmaṇas ist eine Zeit, die von starken Veränderungen geprägt ist. Die Götter der vedischen Zeit verlieren mehr und mehr an Bedeutung. Sie scheinen in den Schatten des zur Wunscherfüllung instrumentalisierten Opfers geraten zu sein, während Rudra in den Brāhmaṇas lt. Keith seinen Höhepunkt erreicht, denn selbst die Götter fürchten sich vor ihm.[45] Den höchsten Gott der Brāhmaṇas stellt Prajāpati dar, dem hier viele Mythen gewidmet sind.
In diesen Werken werden das erste Mal Aussagen über die Entstehung Rudras gemacht. Die Aitareya Brāhmaṇa enthält eine Mythe, in der die Götter, als sie Prajāpati mit seiner Tochter Inzest begehen sahen, all ihre schrecklichen Formen zusammenwarfen und „diesen Gott" Bhūtavat (den Besitzer alles Seienden, Rudra) formten, der diese Tat rächen sollte. Dieser stellte die verletze Ordnung wieder her, indem er Prajāpati mit seinem Pfeil durchbohrte, und erhielt die Oberherrschaft über das Vieh (paśumat – das Vieh besitzend).[46]
Eine andere Mythe in der Śatapatha Brāhmaṇa erzählt davon wie Prajāpati sich fortpflanzen wollte und ihm ein Knabe geboren wurde. Dieser weinte und antwortete auf die Frage, weshalb er weine, damit, dass er nicht vom Übel befreit sei, da ihm noch kein Name gegeben wurde. Daraufhin gab sein Vater ihm die schon im Abschnitt des Atharvavedas genannten

---

[45] Keith, A. B.: *The Religion and Philosophy of the Veda and Upanishad.* S. 144.
[46] vegl. Tyagi I.C.: *Shaivism in ancient India.* S. 66.

acht Namen: „Er sprach zu ihm: „du bist Rudra!“ Und weil er ihm diesen Namen gab, wurde Agni diese Gestalt, Agni ist nämlich Rudra.“[47] Ferner gab er ihm die Namen Śarva, Paśupati, Ugra, Aśani, Bhava, Mahādeva und Īśana, welche im Atharvaveda noch voneinander verschiedene Gottheiten darstellten, hier jedoch diesen einen Gott bezeichnen.

Die Śatapatha Brāhmaṇa[48] enthält eine wichtige Mythe über Rudras Opferausschluss:

> „1. Vermittels eines Opfers stiegen die Götter in den Himmel. Da wurde der Gott, der über das Vieh herrscht, hier (auf Erden) zurückgelassen. Deshalb nennt man ihn „vāstavya“, denn er wurde auf der Opferstätte zurückgelassen.
> ...
> 3. (Er sprach bei sich:). „ich bin hier zurückgelassen worden, sie schließen mich vom Opfer aus!” Er lief ihnen nach und stieg unverzüglich im Norden (in den Himmel) empor. ...
> 4. Die Götter riefen: „zertrümmere (das Opfer) nicht!“ Er antwortete: „schließt mich nicht vom Opfer aus! Setzt mir eine (Feuer)opferspende fest!“ „Na gut!“ (sprachen die Götter). Er riss (seine Waffe) heraus, er schleuderte (sie) nicht, er verletzte überhaupt niemanden.
> 5. Die Götter sprachen: „wie viele Opfergaben (auch immer) von uns entgegengenommen worden sind, von diesen ist (schon) alles geopfert. Findet heraus, wie wir dem da eine Opferspende festsetzen.“
> ...
> 8. Diese Opfergabe wird gewiß für „Agni“ verfertigt, denn Agni ist dieser Gott. Der hat diese Namen: Śarva – wie ihn die östlichen (Völker) nennen-, Bhava – wie die Bhāhīkas (ihn nennen) -, Paśupati, Rudra, Agni. Agni ist gewiß der heiligste Name, seine anderen Namen sind unheilig. ...“

Auch die Aitareya Brāhmaṇa[49] enthält eine Mythe, in der ihm der Rest des Opfers zugesprochen wird. Darin erscheint er als ein in Schwarz gekleideter Mann aus dem Norden auf dem Opferplatz und beansprucht das dort zurückgebliebene Gut für sich.

Diese vier Mythen bezeugen deutlich die erhöhte Stellung, die Rudra in den Brāhmaṇas einnimmt. Tyagi weist auf Vers acht der Opferausschluss-Mythe hin, da diese die weite Verbreitung der Verehrung Rudras widerspiegelt.[50] Außerdem weist diese Mythe auf die Absicht der Brāhmaṇen hin, diesem Gott, obwohl er bereits viele Elemente aus den niederen, nicht-vedischen Gesellschaftsschichten absorbiert hatte, eine Stellung im Opferkult zuzuweisen. Ein Grund dafür mag die Anerkennung Rudras in arischen Kreisen gewesen sein. Chakravarti[51] zu Folge hat die häufige Identifizierung mit Agni erheblich zum Bedeutungszuwachs Rudras beigetragen. Ich interpretiere seine Auffassung auf diese Weise, dass die Identifizierung mit Agni, dem Überbringer des Opfers an die Götter, also einen Gott von

---

[47] Deppert, J.: *Rudras Geburt. Systematische Untersuchungen zu Inzest in der Mythologie der Brāhmaṇas.* Wiesbaden 1977. S. 287.
[48] Śatapatha Brāhmaṇa I, 7, 3 nach Deppert, J.: *Rudras Geburt.* Wiesbaden 1977.
[49] Aitareya Brāhmaṇa V, 14.
[50] vergl. Tyagi I.C.: *Shaivism in ancient India.* S. 64.
[51] vergl. Chakravarti, M.: *The Concept of Rudra-Śiva through the Ages.* S. 17.

höchster Bedeutung für das Opfer, für Rudra eine Erweiterung seines Verehrerkreises, besonders unter den Ariern, bedeutete und ihm den Weg in das vedische Opfer ebnete. Bereits seit dem Yajurveda nimmt die Identifizierung mit Agni zu. Wie bereits erwähnt, werden Rudra viele neue Beinamen gegeben, welche ebenso Beinamen Agnis. Auch die Parallelen zwischen der Erscheinung Rudras und der des Feuers wie seine gewundenen Haare, seine tausend Augen und hundert Köpfe, seine rote, doch helle Erscheinung muten einer Beschreibung Agnis an.

Ein weiterer Grund für die Aufnahme Rudras in das Opfer wird das Bedürfnis der Brāhmanen nach Ausweitung ihrer rituellen Vormachtstellung über die sich mit Ariern vermischenden nicht-Arier gewesen sein, denn sie allein waren in die Opferwissenschaft eingeweiht und konnten die niedrigeren Schichten, deren Göttervorstellungen mit dem vedischen Rudra verschmolzen, auf diese Weise von sich abhängig machten. Zudem muss man bedenken, dass die Brāhmaṇa-Zeit vom Bedeutungsverlust des vedischen Opfers und somit auch der religiösen Vormachtstellung der Brāhmanen gezeichnet war und sich hier bereits die neue Weltvorstellung von der alles, sogar die vedischen Götter, umfassenden All-Seele *brahma* und dem Prinzip von *karman* und *saṃsāra*, von Tatenvergeltung und Wiedergeburt, abzeichnete.

Ein klarer Fortschritt in der Konzeption Rudras liegt laut Keith[52] in einer Mythe der Aitareya Brāhmaṇa III, 34, 7. Darin wird beschrieben, wie die Hymne II, 33, 1 des Ṛgvedas abgeändert werden muss, um zu vermeiden, Rudra beim Namen zu benennen. Weiterhin wird er nur noch als „dieser Gott“ bezeichnet.

Während Rudra im Veda noch als der Schutzpatron der Tiere galt, kommt hier sein Grausamkeit gegenüber den Tieren zum Ausdruck.[53] Die Arier opferten ihm, um ihn zu besänftigen. Sie fürchteten ihn so sehr, dass sie ihn anflehten, in ein fernes Land zu gehen.[54] Der Śatapatha Brāhmaṇa zufolge wird ihm an Wegkreuzungen geopfert, denn diese sind seine bevorzugten Aufenthaltsorte.

Darin wird Rudra weiterhin mit dem Namen Trayambaka angesprochen. Hier wird Trayambaka allerdings von jungen Frauen und Mädchen gemeinsam mit seiner Gemahlin um gute Ehemänner angebetet. Heutzutage wird Śiva von ihnen dafür verehrt, den Frauen gute Ehemänner zu geben.

Die Brāhmaṇas legen also nicht nur den Grundstein für die Philosophie der Upaniṣaden, sondern auch für die in ihnen enthaltende Konzeption Rudras.

---

[52] Keith; A. B.: *The Religion and Philosophy of the Veda and Upanishad.* S. 145.
[53] Tyagi, I.C.: *Shaivism in ancient India.* S. 66.
[54] ebd., S. 69.

2. Upaniṣaden

Die neue Weltauffassung, von der ich bereits im Kapitel über die Brāhmaṇas sprach, ist das prägende Moment der Upaniṣaden. Darin erlangt die Vorstellung der All-Seele Brahman als höchstes Weltprinzip, welche in Ansätzen bereits in den Brāhmaṇas vorhanden war, seine volle Entfaltung. Es besagt die Identität des Ātman - die Individualseele eines jeden Wesens, einschließlich der Götter - mit dem Brahman. Die Erkenntnis dessen ist das Ziel. Das Opfer tritt als Mittel zur Erreichung dessen in den Hintergrund und Methoden wie Yoga und Meditation werden herangezogen. Auch Angehörige niedrigerer Gesellschaftsschichten haben Anteil an dieser neuen Weltvorstellung und die Brāhmanen haben einen Großteil ihrer hohen Stellung als Mittler zwischen den Menschen und den Göttern verloren. Jeder Mensch hat nun direkten Zugang zu dem höchsten Wesen, da dieses alles durchdringt und jedem Wesen innewohnt.

Die älteren Upaniṣaden beinhalten die Vorstellung von einem unpersönlichen absoluten Brahman. Diese pantheistische Weltvorstellung besagt, Gott und die Welt sind eins und hebt den unpersönlichen, alles umfassenden Brahman als höchstes Ziel hervor. Somit schließt sie die Vormachtstellung eines Gottes aus.

Neben diesen pantheistischen Upaniṣaden gibt es jedoch auch jüngere, theistische Upaniṣaden. Die wichtigste theistische Upaniṣad, die Auskunft über die Verehrung Rudras gibt, ist die Śvetāśvatara Upaniṣad. Sie schließt sich dem Taittirīya-Zweig des schwarzen Yajurvedas an, der uns bereits viele Teile der Rudrakonzeption offenbarte. In der Śvetāśvatara Upaniṣad kommt Rudra die größte Bedeutung zu, indem er mit dem Brahman, der höchsten Wesenheit[55], gleichgesetzt wird. Der Brahman wird hier demnach als persönlich, in Form von Rudra angesehen.[56] Somit stellt sich Rudra hier als die Ursache für die Schöpfung und als der Herrscher über der Welt dar. Unter dem Beinamen Maheśvara wird ihm die Macht der Māyā (Illusion der Erscheinungen), die hier seine Prakṛti (Natur) genannt wird, zugeschrieben.[57] Seine Erscheinung ist weder männlich, noch weiblich, noch geschlechtslos.[58] Durch die Identifizierung des Brahmans mit Rudra erhalten die Menschen eine Vorstellung von dem höchsten Wesen, welches sie zu erreichen suchen.[59]

---

[55] Frauwallner, E.: *Die Geschichte der Indischen Philosophie*, (Geisteskultur Indiens. Klassiker der Indologie. Band 4.1/ Band I), Aachen 2003, S.49.
[56] vergl. Chakravarti, M.: *The Concept of Rudra-Śiva through the Ages.* S. 20.
[57] Śvetāśvatara Upaniṣad IV, 10.
[58] ebd. V, 5, 9-10.
[59] Tyagi, I.C.: *Shaivism in ancient India.* S. 91.

Er wird hier weiterhin als in den Bergen wohnend, tausendäugig und –köpfig, sowie als der Herrscher über alle Zwei- und Vierfüßler, bezeichnet und darum angebetet, seine Verehrer vor Krankheiten zu verschonen.

Die Śvetāśvatara Upaniṣad[60] bezeichnet ihn als den Schöpfer von Hiraṇyagarbha (Brahmā, einen Gott, der in der Dreifältigkeit den Schöpfer darstellt), dem er den Veda offenbarte. Die Welt ist erfüllt von seinem Wesen und es gibt kein höheres Wesen als ihn.

Man könnte daraus schließen, dass Rudra in den Upaniṣaden seinen Höhepunkt an Bedeutung erlangt, jedoch muss der Tatsache Beachtung geschenkt werden, dass Rudra nur in einigen vedischen Schulen, von denen die Upaniṣaden verfasst wurden, mit dem Brahman identifiziert wird. In der Chāndogya Upaniṣad beispielsweise wird er überhaupt nicht erwähnt.[61] In der Maitrāyaṇī Upaniṣad gelten Brahmā, Viṣṇu und Rudra als die Manifestationen des Brahman, woraus ersichtlich wird, dass auch Viṣṇu zu jener Zeit in einigen Kreisen als die höchste Wesenheit angesehen wurde. Tyagi hält die Maitrāyaṇī Upaniṣad für ein Zeugnis für die zu jener Zeit bereits konkurrierenden śivaitischen und viṣṇuitischen Gemeinschaften.[62] Auf Grund der gemeinsamen Erwähnung der drei Götter Brahmā, Viṣṇu und Rudra ist diese Upaniṣad von besonderer Wichtigkeit für das Konzept der hinduistischen Trinität, in der Brahmā die Funktion des Schöpfers, Viṣṇu die des Erhalters und Śiva die des Zerstörers innehat. Diese Trinität wird in späteren Zeiten oft als eine Gestalt mit drei Köpfen dargestellt. Tyagi[63] sieht diese als von den Vorstellungen der Industalkultur inspiriert an, da bereits zu jener Zeit Siegel gefertigt wurden, welche eine dreiköpfige Gottheit abbildeten. Auch im alten Mesopotamien war die Vorstellung von einer Dreieinigkeit bekannt.[64]

Wie schon erwähnt, ist die Erkenntnis der Identität des Ātmans mit dem Brahman, hier mit Rudra, das Ziel. Die Śvetāśvatara Upaniṣad besagt, dass derjenige, der ihn (Rudra) erkennt, unsterblich wird[65]. Chakravarti[66] fasst die Aussagen dieser Upaniṣad über die Wege zur Erreichung dieses Ziels folgendermaßen zusammen: „... the reality of god cannot be proved by logic; it can only be realised by faith, love, *bhakti*, meditation and yoga." Bhandarkar[67] folgert daraus, dass die Śvetāśvatara Upaniṣad an der Schwelle zum Bhakti gestanden habe,

---

[60] ebd. VI, 12; 18.
[61] Tyagi, I.C.: *Shaivism in ancient India.* S. 86.
[62] vergl. Tyagi, I.C.: *Shaivism in ancient India.* S. 87.
[63] ebd. S. 87-88.
[64] Marshall, J.: *Mohenjodaro and the Indus Civilisation.* (Vol. I), London 1931,S. 53, zitiert in Chakravarti, M.: *The Concept of Rudra-Śiva trough the Ages.* S. 56.
[65] Śvetāśvatara Upaniṣad IV, 17.
[66] Chakravarti, M.: *The Concept of Rudra-Śiva trough the Ages.* S. 22.
[67] Bhandarkar, R.G.: *Vaiṣṇavism, Śaivism and Minor Religious Systems*; zitiert in: Chakravarti: *Rudra-Śiva through the Ages.* S.23.

und auch Banerjea[68] ist der Ansicht, dass der Autor dieser Upaniṣad in einer ähnlichen Beziehung zu Rudra gestanden habe wie Arjuna zu Kṛṣṇa. Diese neuen Erkenntniswege werden allgemein als nicht-arisch und aufgrund der auf ähnliche Praktiken hinweisenden Siegeldarstellungen der Industalkultur als vor-arisch angesehen. Daraus werden die Einflüsse, die auf das Rudrabild eingewirkt haben, besonders ersichtlich. Die Modifizierung des ursprünglich arischen Gottes zu einem Gott, der nunmehr von nicht-arischen Zügen durchwachsen ist, ist nicht mehr zu übersehen. Damit ist auch die Frage nach den Gründen für die Erhebung Rudras anstelle eines anderen, im vedischen Pantheon angeseheneren Gottes zu beantworten. Tyagi[69] begründet dies damit, dass Rudra aufgrund der Vermischung mit vorarischen Vorstellungen ein höheres Alter als die anderen Götter aufweist, und er somit von Ariern und Nicht-Ariern, also einem größeren Teil der Bevölkerung verehrt wird. Ferner führt er Rudras Gegensätzlichkeit, welche nur ihm zugeschrieben wird, als Grund an. Allein Rudra hat die Züge eines Beschützers als auch eines Zerstörers an sich, welche die Bedürfnisse der Menschen nach Schutz der Familie und des Gutes als auch die nach Vernichtung gegnerischer Gruppen abdeckt.

3. Sūtren

Die Sūtra-Texte stellen den letzten Abschnitt in der vedischen Literatur dar. Sie bestehen aus Leitfäden bezüglich der Opferritualistik, die in starker Anlehnung zu den Brāhmaṇas stehen. In den bisherigen Quellen konnten wir eine graduelle Erhebung Rudras von einem eher unbedeutenden vedischen Gott zum personifizierten Brahman verfolgen. Eine Beibehaltung dieser upaniṣadischen Vorstellung dieses Gottes wäre zu erwarten. Jedoch stellt sich Rudra nicht in allen Sūtra-Texten weiterhin als die höchste Wesenheit dar. Im Baudhāyana Gṛhya Sūtra[70] wird er als diese angesehen, in den Śrauta Sūtren nimmt Rudra jedoch fast den selben Rang ein wie in den Brāhmaṇas.[71] Diese Aussage Tyagis erklärt sich damit, dass Rudra hier vornehmlich, wie schon in den Brāhmaṇas, als ein durch Opfer zu besänftigender Gott in Erscheinung tritt. Dies steht im Kontrast zu dem durch meditative Wege zu erreichenden Rudra der Upaniṣaden. Folglich erscheint die Konzeption der Upaniṣaden in den Sūtren nicht fortgeführt. Hier steht sie im engeren Verhältnis zu dem in der Brāhmaṇa-Zeit vorrangig praktizierten Opferkult.

---

[68] Banerjea, J.N.: Purāṇic and Tāntric Religion. Calcutta 1966, S. 69; nach Chakravarti, M.: *The Concept of Rudra-Śiva trough the Ages.* S. 22-23.
[69] vergl. Tyagi, I.C.: *Shaivism in ancient India.* S. 92-93.
[70] Baudhāyana Gṛhya Sūtra I, 2, 7, 13.
[71] Tyagi, I.C.: *Shaivism in ancient India.* S. 94.

Eine wichtige Neuerung innerhalb des Ritus bestätigt diese Auffassung. Hier findet sich eine wichtige Veränderung hinsichtlich der Verehrung Rudras. Es wird für Rudra ein eigenes Opfer, das sogenannte Spießrind-Opfer (*śūlagava*), veranstaltet. Dieses wird Rudra an einem nördlich, außerhalb der Siedlung gelegenen Ort dargebracht, um ihn zu besänftigen. Den Namen Śūlagava erhielt es dem Baudhāyana Gṛhya Sūtra[72] zufolge aufgrund dessen, dass die Opferkuh am Spieß (*śūla*) zubereitet wurde. Die Überreste gelten als unrein und dürfen nicht in die Siedlung gebracht werden, da Rudra sonst Unheil über die Menschen bringt. Die Durchführung des Śūlagavas beschert dem Opfernden Nachkommen, Vieh, Wohlstand und ein langes Leben.[73]

Das Āśvalāyana Gṛhya Sūtra[74] besagt, dass das Śūlagava im Herbst oder im Frühling unter einer bestimmten Sternenkonstellation durchgeführt werden sollte. Ferner wird darin der Vorgang des Opfers beschrieben. Das Opfer sollte hierin ein schwarzes Kalb mit einem roten Schimmer sein. Geopfert wird um Mitternacht oder nach Sonnenuntergang. Dabei werden bestimmte Formeln rezitiert.[75] Tyagi gibt zu bedenken, dass Kuhopfer in den Brāhmaṇas noch als üble Tat angesehen wurden, die Einführung dessen also nicht auf Brāhmanen zurückgeführt werden könnte.[76]

Auch kleinere Gaben werden ihm dargebracht. Ist von einer Speise etwas übrig so soll man es Rudra an einer reinen Stelle in der nördlichen Himmelsgegend ausgießen, damit dem Opfernden Glück widerfährt.[77] Wie schon in der Opferausschluss-Mythe in der Śatapatha Brāhmaṇa wird Rudra hier mit den Resten abgefunden, damit er sich entferne. Auch das Gobhila Gṛhya Sūtra besagt, dass Rudra nach dem Opfer mit einer Handvoll Gras von der Opferstreu abgefunden wird, indem man es in die Opferbutter taucht und uns ins Feuer wirft.[78]

Die Sūtren liefern eine Fülle von Neuerung an der Rudrakonzeption, die sehr charakteristisch für die Verehrung des späteren Śiva sind. Die Göttin Ambikā tritt hier als Rudras Gemahlin auf und ihr werden zusammen mit ihrem Gatten Gaben dargebracht. Ihr Name „Durga“ erscheint das erste Mal.[79] Die Tatsache, dass hier eine Göttin verehrt wird, macht den nicht-arischen Einfluss deutlich, denn Göttinninkulte sind uns aus Kulten der indischen Urbevölkerung bekannt, nicht jedoch aus den indogermanischen Religionen.

---

[72] Baudhāyana Gṛhya Sūtra I, 1, 9; 2, 7, 14.
[73] Tyagi, I.C.: *Shaivism in ancient India.* S. 97.
[74] Āśvalāyana Gṛhya Sūtra IV, 9, 2.
[75] vergl. Tyagi, I.C.: *Shaivism in ancient India.* S. 98.
[76] ebd. S. 100.
[77] vergl. Oldenberg, H.: *Die Religion des Veda.* S. 218.
[78] ebd.
[79] Baudhāyana Gṛhya Sūtra III, 3, 2-3.

Seine beiden Söhne, Gaṇeś und Kārttikeya, werden hier das erste Mal erwähnt, jedoch noch unter anderen Namen. Der Name Kārttikeya ist in der Sūtra-Literatur noch unbekannt. Er trägt hier den Namen Skanda. Der uns heute als Gaṇeś bekannte elefantenköpfige Gott erscheint hier als Vināyaka. Aufgrund seiner Beinamen wie Ekadanta, Gāṇapati und Gaṇeśvara wird ersichtlich, dass es sich um den späteren Gaṇeś handelt. Bemerkenswert ist jedoch die Tatsache, dass Rudra und Vināyaka zum Teil die gleichen Beinamen tragen. Tyagi vermutet, dass es sich bei Rudra und Vināyaka ursprünglich um die selbe Gottheit gehandelt habe, die erst in der epischen Literatur zwei voneinander getrennte Gottheiten darstellen werden.[80] Anhand der Sūtra-Texte wird nicht ersichtlich, in welcher Beziehung diese beiden Götter zu Rudra stehen, jedoch erwähnt das Baudhāyana Dharma Sūtra einen Rudrasuta (Sohn Rudras), doch ist nicht klar, ob es sich um einen der beiden, Gaṇeś oder Skanda, handelt. Erst in den Epen und den Purāṇas werden sie als Śivas Söhne bezeichnet.
Den wichtigsten Aspekt für die Verehrung der Götter im heutigen Hinduismus stellt jedoch die Götzenverehrung dar. Im Baudhāyana Gṛhya Sūtren[81] wird das erste Mal Auskunft über eine bildhafte Darstellung Rudra-Śivas gegeben. Das Wort *devāgāra,* welches im selben Sūtra erscheint, weist auf Tempelbauten für diese Götterdarstellungen hin. Diese Darstellungen beschränken sich jedoch keineswegs auf die menschliche Körperform. Das genannte Sūtra nennt ebenso die Darstellung Rudra-Śivas in Form eines Liṅga, der als Symbol für Rudra-Śiva angesehen wird. Dies ist ein wichtiges Merkmal des heutigen Śivakultes. Dieses Konzept der Verehrung entstammt jedoch nicht dem arischen Kulturkreis. Schon in der Industalkultur wurden kleine Liṅgadarstellungen gefunden, woraus ersichtlich wird, dass dieser Fruchtbarkeitskult schon sehr alt ist. Es ist nun offensichtlich, dass diese wichtigen kultischen Aspekte der Śivaverehrung aus nicht-arischen Kreisen stammen. Aufgrund der Tatsache, dass diese Vermischung der Kulte und Praktiken mit der allmählichen Erhebung Rudras zu einem äußerst bedeutsamen Gott einher geht, lässt sich erkennen, wie groß der Einfluss dieser nicht-arischen Kulte auf die vedische Religion war.

IV. Schlußbemerkung

Die Identifizierung Rudras mit Śiva vollzieht sich nicht durch Gleichsetzung, sondern durch die Zuschreibung derselben Beinamen und Eigenschaften. Wie sich anhand der Quellen zeigt, finden sich einige Beinamen und Attribute, die dem späteren Śiva zugeschrieben wer-

[80] vergl. Tyagi, I.C.: *Shaivism in ancient India.* S. 102-103.
[81] ebd. III, 2, 13, 16; III, 2, 18.

den, bereits im Ṛgveda. Je weiter die Vermischung der Arier mit der Urbevölkerung Indiens voranschreitet, um so mehr zeichnen sich die Eigenschaften Śivas in der Konzeption Rudras ab. Die allmähliche Eingliederung Rudra-Śivas in das vedische Pantheon und in das Opfer gehen mit dieser Vermischung einher. Wie sich in der chronologischen Abfolge der vedischen Texte gezeigt hat, kommen Rudra verschiedene neue Eigenschaften zu, welche auf mehr als eine Herkunft schließen lassen. Im Yajurveda machen sich hauptsächlich nicht-arische Einflüsse bemerkbar. Die auf das Gebirge bezogenen Attribute entstammen offensichtlich von einer oder mehreren Berggottheiten, welche als nicht-arisch angesehen werden. Zudem werden vor allem in der arischen Ständehierarchie niedrig und einige außerhalb dieser Gesellschaft stehende Gruppen als seine Anhänger bezeichnet. Im Atharvaveda haben die arischen, jedoch nicht-vedischen Vrātyas großen Einfluss auf die Konzeption Rudras. In den Brāhmaṇas wird ihm sogar ein Anteil am vedischen Opfer zugesprochen. Dies ist jedoch eher auf die Identifizierung mit Agni zurückzuführen, von der ein Großteil der Rudrakonzeption der Brāhmaṇas geprägt ist. Also haben auch Arier selbst zu dem Aufstieg Rudras beigetragen. Dies liegt daran, dass dieser zunehmend nicht-arisch werdende Gott Rudra von den vedischen Ariern akzeptiert und ihm demzufolge ein höherer Rang zugesprochen wurde, indem man ihn in den vedischen Opferkult eingegliederte.
Die Upaniṣaden zeigen wieder den nicht-arischen Einfluss auf. Es werden vorrangig meditative Praktiken zur Erreichung des mit Rudra identifizierten Brahman herangezogen. Diesen wird ein vor-arischer Ursprung nachgesagt. Auch die Sūtren geben ein eindeutiges Bild eines nicht-arischen, genauer gesagt vor-arischen Rudras. Der bereits in der Industalkultur entdeckte Fruchtbarkeitskult, in Form der Liṅgaverehrung, floss hier in die Rudrakonzeption ein, auf dem viele śivaitische Gruppen ihren Kult aufbauten. Ebenso ist die besondere Beziehung Rudra-Śivas zum Vieh ist ein zu beachtendes gemeinsames Merkmal. Folglich liegt die Vermutung nahe, dass unter den nicht-arischen Einflüssen die der bestehengebliebenen Vorstellungen der Industalkultur eine besondere Rolle spielen.
Chakravarti[82] zufolge verbreitete sich der Śivakult auf Grund seiner Fähigkeit, die vielen verschiedenen Eigenschaften anderer, vor allem nicht-arischen Gottheiten in sich aufzunehmen. Rudras Aufstieg von einem eher unbedeutenden vedischen Gott zur höchsten Wesenheit der Upaniṣaden lässt sich, wie wir gesehen haben, eindeutig auf die verschiedenen nicht-arischen Einflüsse, die auf seine Konzeption einwirkten, und zum Teil auf die Identifizierung mit dem vedischen Gott Agni, der ihm den Weg in das vedische Opfer ebnete, zu-

[82] vergl. Chakravarti, M.: *The Concept of Rudra-Śiva through the Ages.* S. 66.

rückführen. Demnach ist der heute auf dem gesamten indischen Subkontinent verehrte Śiva ein Konglomerat unterschiedlicher Kulte des alten Indiens.

In den sich der vedischen Literatur anschließenden epischen Texten wird anhand von unzähligen Legenden, die einen hohen Bekanntheitsgrad erreichen werden, das moderne Śivabild konstruiert, welches uns heute bekannt ist.

Literatur

Arbman, E.: *Rudra. Untersuchungen zum altindischen Glauben und Kultus.* Uppsala 1922.

Chakravarti, M.: *The Concept of Rudra-Śiva through the Ages.* Delhi 1986.

Choudhary, R.: *Vrātyas in ancient India.* (Chowkhamba Sanskrit Studies, Vol. 38), Varanasi 1964.

Deppert, J.: *Rudras Geburt. Systematische Untersuchungen zum Inzest in der Mythologie der Brāhmaṇas.* (Beiträge zur Südasienforschnung, 28), Wiesbaden 1977.

Frauwallner, E.: *Die Geschichte der Indischen Philosophie.* (Geisteskultur Indiens. Klassiker der Indologie. Band 4.1/ Band I), Aachen 2003.

Geldner, K. F.: *Der Rig-Veda.* Harvard Oriental Series, Vol. 34, Wiesbaden 1951.

Gonda, J.: *Die Religionen Indiens. Veda und älterer Hinduismus.* 2. Aufl., Stuttgart 1978.

Hillebrandt, A.: *Vedische Mythologie.* (Band 2), Breslau 1929.

Keith, A. B.: *The Veda of the Black Yajus School entitled Taittiriya Sanhita.* (Harvard Oriental Series, Vol. 18; 19), Cambridge 1914.

(ders.) *The Religion and Philosophy of the Veda and Upanishads.* (Harvard Oriental Series, Vol. 31), Cambridge 1914.

Macdonell, A.: *Vedic Mythology.* Strassbourg 1897.

Mayrhofer, M.: „Der Gottesname Rudra“, in *Zeitschrift d. Deutschen Morgenländischen Gesellschaft, 104, 1953, S.140-150.*

Mylius, K.: *Geschichte der Literatur im alten Indien.* Leipzig 1983.

Oldenberg, H.: *Die Religion des Vedas.* Stuttgart 1917.

Siddhantashastree, R.K.: *Śaivism through the Ages.* Delhi 1975.

Tyagi, I. C.: *Shaivism in Ancient India. From the earliest Times to c.A.D. 300.* Meerut 1982.

Williams, M.: *Sanskṛt-English Dictionary.* Oxford 1899.